हृदय दान

वीर कुमार

ISBN 979-888606500-8

क्रम-सूची

क्रम-सूची

1. प्रार्थना

हे परम पिता परमेश्वर तेरे बालक हम
बिना तुम्हारी इच्छा के ना टूटे दम।

चित्रकार तुम विवश हुए हो
ऐसा चित्र बनाने में
पिता पुत्र को जला रहा है
प्रतिदिन एक घराने में
द्वार तुम्हारे मंदिर का अब अंधकार सा होया है
भूख प्यास से पीड़ित व्यक्ति तेरे घर में सोया है
विश्वास हमें है ज्यादा दिन ना रहेगा गम

हे परमपिता परमेश्वर तेरे बालक हम
बिना तुम्हारे इच्छा के ना टूटे दम।

यह कैसी लीला कैसी तेरी माया है
जन.जन के आंखों में आंसू आया है
हर घर में था खुशहाली अब रोग मिला
दुखों का कैसा जीवन में संयोग मिला
हरीए हरी सब हृदय के पीड़ा करो रहम
हे परमपिता परमेश्वर तेरे बालक हम
बिना तुम्हारी इच्छा के ना टूटे दम।

चलते.चलते राह में अपने भटक गए
समाधान कर दो प्रभु हम अटक गए
गुरुजनों की वाणी से जो ज्ञान मिला
अवतारों से भारतवर्ष महान मिला
नाथ तुम्हारे चरणों में ना प्यार हो कम

हे परमपिता परमेश्वर तेरे बालक हम
बिना तुम्हारे इच्छा के ना टूटे दम।

घर घर से जब दीप बुझेगा
आवाज रहेगा रोने का
दुनिया तुमको याद करेगी
डर होगा तन खोने का
कवि वीर को प्रभु पावन चरणों
की धूल करो
जीवन पथ में कांटो की जगह
सब फूल करो
भूल हुआ तो माफ करोगे जनम जनम

हे परमपिता परमेश्वर तेरे बालक हम
बिना तुम्हारी इच्छा के ना टूटे दम।

वीर कुमार

2. मेरे राम!

कुछ नही वेदना मेरे मन मे
सब दुखों का तो हल राम जी हैं!

था कठिन मार्ग पर वन को जाना
और वन मे वचन को निभाना
एक कोमल कमल राम मेरे
ताप सूरज का था सहके जाना
हर दुखों को सहे राम मेरे
और सरल से सरल राम जी है
कुछ नहीं वेदना मेरे मन में
सब दुखों का तो हल राम जी हैं!

धूल चरणों की कर लो प्रभु तुम
सारा ब्रह्मांड जिसमें समाया
हा चरण पादुका को भरत ने
शीश पर फिर विनय से चढ़ाया
जैसे केवट के हो नाव में तुम
और गंगा का जल राम जी हैं
कुछ नही वेदना मेरे मन मे
सब दुखों का तो हल राम जी हैं!

माता शबरी के बेरों को राघव

प्रेम से हो बहोत तुम तो खातें
सीख लेती ये दुनिया अगर तो
फिर बुराई का घर क्यों बनाते
राम जैसे अगर मित्र हो तो
हर विभीषण के बल राम जी हैं
कुछ नही वेदना मेरे मन मे
सब दुखों का तो हल राम जी हैं!

कोई पल जानकी के हृदय का
एक क्षण भी नहीं राम से था
चाहें जितनी हो अग्नि परीक्षा
मन ना रुठा कभी राम से था
चाहे नाजुक समय हो हमारा
हर समय मे प्रबल राम जी हैं
कुछ नही वेदना मेरे मन मे
सब दुखों का तो हल राम जी हैं!

Step 18

3. तुम मेरे साथ हो

तुम मेरे साथ हो साथ चलना मेरे

है मुहब्बत तुमसे, निखर जाएंगे
सच के पन्ने स्वयं से पलट जाएंगे
है किताबें मगर यह कहानी नहीं
प्रेम करना मुझे है दिखानी नहीं
ना झिझक हो किसीका
रहूं बिन डरे
तुम मेरे साथ हो साथ चलना मेरे।

आसमां के घटा देखो कितने घिरें
गिरना पानी को था,और आंसू गिरे
बिजलीयो की कड़क भी सहम जाएगी
सूर्य रुक जाएगा रात थम जाएगी
तुम अंधेरे में ,भी चांद रौशन किए
आश कुछ भी ना था है सितारे दिए
प्रेम की चाह पर
द्वार आए तेरे
तुम मेरे साथ हो साथ चलना मेरे।

ढूंढने की जिद में हर जगह है फिरें
नदियों से मिले पत्थरों पर गिरे

खोजते खोजते तुम भी मिल जाओगे
प्यास मेरी है यह और तुम बुझाओगे
है चली आ रही सदियों की कहानी
थी मीरा दीवानी, थी राधा दीवानी
प्रेम रंग में रंगे..
और हम भी फिरे
तुम मेरे साथ हो साथ चलना मेरे ।

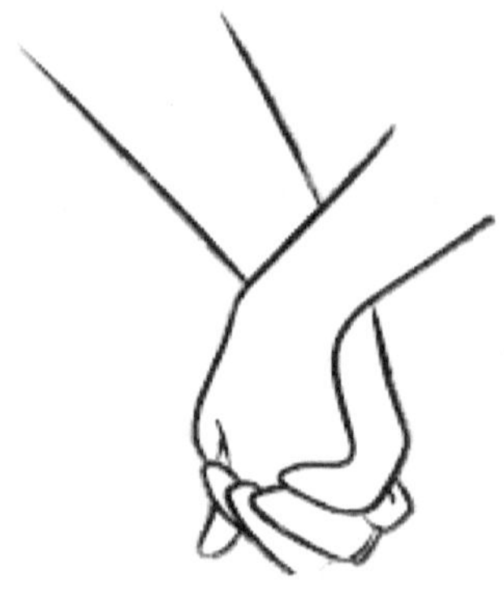

4. धरती !

सम्मान की धरती !
यश गान की धरती !
पाला है जिसने हमको
शुभ नाम की धरती!

है काम की धरती
यह राम की धरती
है पग पग में मंदिर
यह धाम की धरती

है पाप पुण्य या फिर
नादान की धरती!
चौरासी लाख योनियों के
मान की धरती!

आते ही जाते रहते
मेहमान की धरती!
सृजन से विनाश की
पहचान यह धरती !
अग्नि ,जल ,वायु,
आकाश और धरती!

सूर्य के बिना
अंधकार यह धरती!
सब कुछ लिए हैं जिससे
पावन पूज्य हे मां !
प्रणाम हो धरती!!

5. तुम क्यों रूठे हो

तुम क्यों रूठे हो
उपवन सारे मुरझा जाएंगे
आह घिरेंगे हृदय में मेरे,
करुणा नीर बरस बैठेंगे।

इस कवि की रची कहांनी
सुनकर सहम सभी बैठेंगे,
हे वसुधा के रचित समीरों
वह पुरवाई पुनः भी लाओ
कुछ कर्तव्य निभाकर के
प्रेम यज्ञ में पुण्य कमाओ।

बूंद रहम के गिरो हे स्वाति
कितने चातक तुम मारोगे
सूक्ष्म समय है इस जीवन का
कब अपने से जानोगे
स्वार्थ नहीं यह सत्य कथा है
हर मानव को समझना होगा
मंदाकिनी हर सरिता में होगी
प्यास तुम्हें बुझाना होगा ।

सत्य नीर ममता में है

सब को फिर से पिलाना होगा
क्रोध भरा हर मानव मे होगा
अब प्रेम सभी को बताना होगा।

6. मेरा जीवन हो ऐसे

मेरा जीवन हो ऐसे कि
जैसे पूजा में दीप जले

मन ही मन सोचो तो अफसाना लगता है
हंसना रोना संग चलना दीवाना लगता है
उतार .चढ़ाव हर.पल सपनों मे
आना और जाना लगता है
मैं तेरा हूं.. तू मेरा है ,
तु प्रतिपल मेरे साथ चले
मेरा जीवन हो ऐसे
कि जैसे पूजा में दीप जले।

ना गुलशन की चाहत में
न गैरों की हिरासत में
मुझे रख दे बीच उनके
जो चमकता विरासत में
हो गलती अगर मुझसे
बार.बार माफ करना
मेरे मन का गहन तम साफ करना....
प्रेम इतना जुड़े तुमसे
जैसे कण .कण से मिले
मेरा जीवन हो ऐसे

कि जैसे पूजा में दीप जले।

चंद लम्हों का कोई एहसास हो
सातवें आसमान पर विश्वास हो
आशियाने का दर
जितना समंदर से गहरा
डूब जाए हर युग में
तेरे इश्क से भरा हो.....
मुझे राह में मेरे सपने मिले
मेरा जीवन हो ऐसे
कि जैसे पूजा में दीप जले।

वीर कुमार

7. मैं राम तत्व को जीता हूँ

मैं राम तत्व को जीता हूं
रहमान तुम्हारे मन में है

मैं द्वैत और अद्वैत बीच
बस इसमें मुझको जीना है ।

कुरआन पाक है मस्जिद है
हां तेरे पास मदीना है
अल्लाह हवा में गुंजित हैं
श्री राम यहां कण.कण में हैं

मैं राम तत्व को जीता हूँ
रहमान तुम्हारे मन में है।

दोनों के रास्ते अलग.अलग
पर एक ही ठौर ठिकाना है।
दोनों की नश्वर देह सुनो..,
केवल आना है जाना है ।
है रक्त एक सा दोनों का
क्या अंतर बोलो तन में है

वीर कुमार

मैं राम तत्व को जीता हूं
रहमान तुम्हारे मन में है ।
अल्लाह हवा में गुंजित है
श्री राम यहां कण कण में है!

8. नए पथिक

सुनो.. जीवन के नए पथिक......
मैं राज बताने तुम्हें आया हूं।

सप्तरंग से रंगे सपनों का
सेज सजाने फिर आया हूं
व्याकुल हृदय की पीड़ा मे
कारण ही मीत को पाया हूं,......

बिन पुष्प के खुशबू कैसे आए
शोध यही करते आया हूं
सुनो.. जीवन के नए पथिक
मैं राज बताने तुम्हें आया हूं।

साथ चलते रहें साथ बढ़ते रहें
साथ जीवन का लिखा पृष्ठ है
यह कर्म से पहले मिला
या भाग्य से ज्यादा......
जो कुछ मिला
वह सब उत्कृष्ट है
साथ चलने से और
अच्छा क्या भला
यही तुम्हारा प्रेम

और यही श्रेष्ठ है
दीप जलता रहे
या रात गहरी लगे
साथ रहने की हर बात जेष्ठ है
अलग कहानी कह कर के
अलग नहीं रह पाया हूं,......

परिणाम सुसज्जित करके केवल
प्रेम शब्द ही लाया हूं
सुनो...जीवन के नए पथिक......
मैं राज बताने तुम्हें आया हूं।

9. कर्मवीर हो इस जगत के

कर्मवीर हो इस जगत के
मत सोच घबराना तुम
सत्य बात में सत्य छिपा है
कभी नहीं हिचकिचाना तुम।

कल्पित तथ्य जगत है सारा
कर्ण कवच बन जाना तुम
मन में दृढ़ विश्वास जगाकर
संकट से लड़ जाना तुम
घने अंधकार की सीमा में
तनिक नहीं घबराना तुम ।

छिपा हुआ है रवि घटा में
और प्रकाश बताना तुम
संसार कुटिलता की आंधी में
चाणक्य नीति अपनाना तुम
आवश्यकता हो जब मातृभूमि को
सर्वस्व अर्पण कर जाना तुम।
ईश्वर से प्रीत लगाकर खुद में अटल हो जाना तुम
कर्मवीर हो इस जगत के मत सोच घबराना तुम।

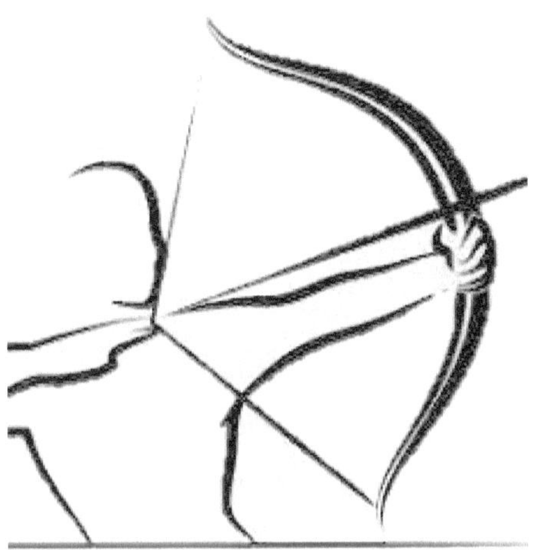

10. अंधियारी में चांद कहां से आएगा...?

भरत वंश की परंपरा को,
कौन है आज बचाने वाला..?
कुछ द्वन्दी है कंस यहां के,
कौन है कृष्ण लड़ाने वाला...?
जीवन के संघर्षों को
क्या यूं ही गाता जाएगा ?
कुछ दिया हुआ है अपनों को
क्या वह भी तू अपनाएगा ?
निशा की काली करतूतों से
क्या कुछ कर पाएगा ?
अंधियारी में चांद कहां से आएगा।

कसम ब्रह्म की कौन है आज खाने वाला?
धारा मात्र में कौन है भीष्म कहलाने वाला ?
धर्मराज का आज सिंहासन
क्या यूं ही खोता जाएगा?
दुशासन का रुधिर,
कौन है फिर से लाएगा ?
जब कुंती मां नहीं रहेगी
तो भीम कहां से आएगा ?

अंधियारी में चांद कहां से आएगा..?

पांचजन्य को ,कौन है आज बजाने वाला ?
सौगंध महादेव की, कौन है आज खाने वाला ?
क्या फिर से गान्डीव तंकार सुनाएगा...?
क्या सत्य प्रत्यंचा फिर से चढ़ जाएगा
बचा हुआ है जो अवशेष,
सब मृद मे मिल जाएगा
अंधियारी में चांद कहां.......?

11. नयन हमारे हार गए

नयन हमारे हार गए,कोई सुंदर चित्र नहीं पाए
सच्चा प्यार जताए जग से ऐसे मित्र नहीं आए।

आस.पास के सब घर टूटे
और पथिक को छांव नहीं,
चलते चलते आंसू फूटे
हृदय में अपने घाव वही,

दूर दूर तक अब धरती पर
केवल मरघट दिखता है,
लासे जल में तैर रही और
रोता पनघट दिखता है,
देश की नदियां दूषित हो गई
कोई पवित्र नहीं पाए......
नयन हमारे हार गए,कोई सुंदर चित्र नहीं पाए
सच्चा प्यार जताए जग से,ऐसे मित्र नही आए।

मानव ने मानवता छोड़ा
कम हो गई है आयु,
जंगल सारे काट लिए जब
कम हो गई है वायु,

जड़ी बूटियां लुप्त हुई
जब तोड़ दिया सारी घाटी
कृषक फसल की चाह में रोया
उर्वर बिन हो गई माटी,

माली ने बगिया काट दिया
फूलों से इत्र नहीं आए.....
नयन हमारे हार गए,कोई सुंदर चित्र नहीं पाए
सच्चा प्यार जताए जग से ऐसे मित्र नही आए।

प्रदूषित हो गए शहर सब
हर घर फैला बीमारी
रोजगार सब छीन गया तब
व्याप्त हो गई लाचारी,

समझ जाओ मेरे सब भाई
प्रदूषण मत फैलाओ
साक्षर है यह विश्व हमारा
जागो सबको और जगाओ,

पर्यावरण को शुद्ध रखें कोई
जिक्र कभी ना कर पाए.....
नयन हमारे हार गए, कोई सुंदर चित्र नहीं पाए
सच्चा प्यार जताए जग से ऐसे मित्र नही आए।

12. पूनम जैसा चांद करो

मिट्टी से अरमान न पूछो
उनसे उनके भगवान न पूछो
पूछो मेरे दिल के हिस्से से
जो प्रतिमा तुम्हारी गढ़ लेता है
जिस दिन बात नहीं करते हो
हाल तुम्हारा पढ़ लेता है
समझदार हो ना खुद को नादान करो
आओ रात अमावस में
पूनम जैसा चांद करो!

मंदिर जैसा है मेरा मन
सोचो मुझे अनुमान करो
प्रीत समर्पित कर दो आओ
आकर हृदय में विराम करो
छोड़ो व्यर्थ की बातों को
हाथ में हाथ रख कर के
कई तरह के संवाद करो
आओ रात अमावस में
पूनम जैसा चांद करो!

तुमने अब जाना था,
प्रीत में आंसू पीना है

रोगी दिल को काट काट कर
कई भागों में सीना है
सुनो सभी के किस्से है ये
प्यार में मरना जीना है
जितना दूर रहोगे
पास का एहसास करो
मुझसे प्रेम करो
सपनों को आबाद करो
आओ रात अमावस में
पूनम जैसा चांद करो!

13. मेरे एहसास हो तुम !

तुम्हारे दिल से, रिवायत है...
ना कोई शिकायत है,
जिन्दगी के एक हिस्से का
प्रयास हो तुम....
खबर तुमको है मेरे हम दम
मेरे एहसास हो तुम!

मिले हो कई ख्वाब बनकर के,
तब से सब कयामत है..
यकीनन कई लम्हों के बाद
बहोत खास हो तुम....
खबर तुमको है मेरे हम दम
मेरे एहसास हो तुम!

कई तस्वीर देखी थी...
दोनो आखो ने मिलकर के,
इन्ही नजरो मे कैद होने वाली
एक विश्वास हो तुम......
खबर तुमको है मेरे हम दम
मेरे एहसास हो तुम!

दिल तक उतर जाना

तुम्हारी खुद की इनायत है
बहोत सिद्दत से बने होगे
चाहने वालो के 'काश' हो तुम...
खबर तुमको है मेरे हम दम
मेरे एहसास हो तुम!

तुमसे रूह की रूहानियत है
ठीक सारी तबियत है
आने जाने वाली
हर स्वास हो तुम...
खबर तुमको है मेरे हम दम
मेरे एहसास हो तुम!

लहजो मे एक लिहाज है
जिन्दगी कल और आज है
हमेशा पास रहोगे तुम
खबर तुमको है मेरे हमदम
मेरे एहसास हो तुम...!

14. तुम कहती हो....!

तुम कहती हो हार गए हम पास तुम्हारे आने मे
उसने केवल जीत बनाए दोनो के पैमाने मे!

रात अन्धेरी होने पर भी
चांद गगन को छोड़ा नही,
और सबेरा करने को
सूरज ने मुख मोड़ा नही..

तिनके तिनके से प्रीत निभाना
ओश कणो से सीखा...
मिलकर गाते पंक्षी मे भी
प्यार मोहब्बत को देखा,

भौंरो से फूल भी मान गए है
खुद के रस को पिलाने मे....,
तुम कहती हो हार गए हम पास तुम्हारे आने मे
उसने केवल जीत बनाए दोनो के पैमाने मे!

तुम देखो बंशी के तन को
कितने घाव परे होते हैं,
फिर भी होठो से जुड़ते जब
उसमे भाव भरे होते हैं,

मन के स्वर को समझता जो है
उसका जीवन है सादा..,
तभी तो मीरा भूल गई सुध
नृत्य मगन मे हुई राधा,

तनिक समय भी नही लगा
कान्हा को रास रचाने मे....,
तुम कहती हो हार गए हम पास तुम्हारे आने मे
उसने केवल जीत बनाए दोनो के पैमाने मे!

सबके प्रेम कहानी मे
अपनी अपनी प्रयासे है
किसी के बिखरे है कुछ आसे,
कोई जोड़ रहा विश्वासे है!

सांसे कभी भी टूट पड़ेगी
अधरो मे मुस्कान ना होगा
सभी जगत मे प्रेम करो
कल तन मे प्राण न होगा,

सारा जीवन लग जाता है
सबको सत्य बताने मे....,
तुम कहती हो हार गए हम पास तुम्हारे आने मे
उसने केवल जीत बनाए दोनो के पैमाने मे।

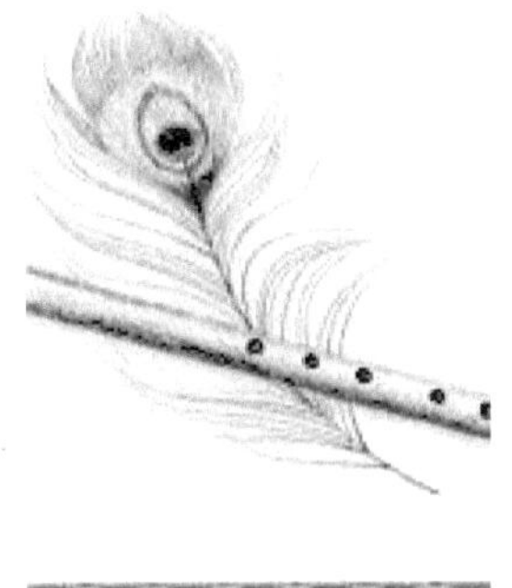

15. भोली सूरत

सफर सफर में भोली सूरत मेरा पीछा करती है!
कहां तुम्हारा गांव बसा है नजरें पूछा करती है!

खत लिख कर के मोड़ दिया हूं
उनका कोई पता बता दो,
बड़ी मनोहर उनकी आंखें
प्यारी प्यारी लता बता दो,
पूछ रहा हूं तुमसे उपवन
क्या वह कोई फूल रहीं हैं
मैंने उनको याद किया तो
क्या वो मुझको भूल रही हैं ,
मन की बगिया के यादों को आकर सींचा करती हैं!
सफर सफर में भोली सूरत मेरा पीछा करती है।

तुम आए तो मैं भी आया
कुछ बात हुई स्टेशन में,
हम दोनों अनजान रहें
कुछ ज्ञात नहीं था रिलेशन में,
मन का चाहा कुछ हुआ नहीं
सब आगे आगे खेल हुआ
अलग टिकट वा अलग सीट से
तन पीड़ति मन रेल हुआ,

हवा के चलने से यौवन में खुशबू खींचा करती है!
सफर सफर में भोली सूरत मेरा पीछा करती है।

किसी चीज को पाकर खोना
लापरवाही लगता है,
सुंदरता की दुनिया में
बस आवाजाही लगता है

यदि तुम्हारे पास में होते
हाथ में आ जाती सफलता
जीवन की यात्राओं में
तुम जैसा मुझको कोई ना मिलता,
उनकी यादों मे यह आंखें पलकें नीचा करती हैं
सफर सफर में भोली सूरत मेरा पीछा करती है।

हृदय दान

16. रंगों की रंगोली

आओ मिलकर हम खेलेंगे
रंगों की रंगोली को,,

द्वेष भावना क्लेश रहित
ऐसा ही यह होली हो
आओ मिलकर हम खेलेंगे
रंगों की रंगोली को!

देखो सारा जगत निराला
बदलो मुख की बोली को,
कर आनंद लो मन को अपने
रंग लो तन की खोली को,

आओ मिलकर हम खेलेंगे,
रंगों की रंगोली को।
एक दिशा से एक ही आंधी
रंगों की पुरवाई है
राष्ट्र धर्म का गीत है अपना
सारा भारत भाई है,

राजगुरु सुखदेव आजादं के,
रक्त रंगे हर गोली को

आओ मिलकर हम खेलेंगे
रंगों की रंगोली को।

जीवन का पल पल जीना अब
सुखों दुखों से से हारी है
प्रेम किया होगा जिसने
वह सब पुण्य पर भारी है,
राधे श्याम बसे हो मन में
करुणा रूपी झोली हो
आओ मिलकर हम खेलेंगे
रंगों की रंगोली को।

17. सब बिके है

वो सब.. बिके है.., बाजार मे।
आशा बिका है, निराशा बिकी है
सादगी शून्य सा है श्रंगार मे
शैशव, जवानी, बुढ़ापा
जीवन जीना भी, इकरार मे

मरने वाले के संग जो बैठा
रोने वाला बिका है हजार मे
दुख, सुख.,तुम्हारा भाग्य....,
मिलेगा अब अखबार मे,,
वो सब.. बिके है,बाजार मे।

जमी की मिट्टी, आसमा की धूप
सबको मुफ्त मिलता था संसार मे
मिट्टी बिकी मायूस होकर...
उन बिकने वाले....
राजनीतिकारो के हाथ मे,
हैरान हूं 'धूप बिकने को तैयार हुआ,
कई,,,, विधुत के प्रकार मे
उर्जा बिका, हवा बिका..
नीर का मोल, बता दो शराब मे
वो सब बिके है,,,..बाजार मे।

राजा बिका, फकीर बिका
जंजीर बिका...,,
बिक गया न्याय.. दरबार मे
नीलाम हुई, उन सबकी इज्जत
इन्सानों के... बजार मे
सब जानते ,,थे हम
पर बिकते गए, खरीदने
वाले के हाथ मे..,
वो सब.. बिके है,,बाजार मे।

18. पिता

जीवन के एहसासो मे
त्योहारो मे उपवासो मे
ममता के हर सासों मे,
भूख प्यास के नाम पर
धर्म दुआ के काम पर,
कपड़े और बिछौने पर
महंगे मिले खिलौने पर,

बिटिया के विदाई पर
बेटे के पढ़ाई पर,
मा के सारे खर्चे पर
दवा के सारे पर्चे पर,
दूध,चाय, अखबारों का
सब्जी भरे बाजारो का,
भिक्षुक और मेहमान से
तुलना हैं भगवान से,

छोटे फर्ज से बड़े कर्ज का
वहीं दवा हैं हर मर्ज का,
राजा भी वो, वजीर वही हैं,
जमीर भी वो शरीर वही हैं,
सोना भी वो जंजीर वही हैं,

परछाई भी वो तस्वीर वही हैं,

उगते सुरज से ढलते शाम तक,
खुद के सपने और अरमान तक,
जमी से आसमान तक
वो सब के कर्ज चुकाते है,
सब पर एहसान जताते है,
वो खुद अपनी पहचान बनाते हैं,
फिर ना जाने भगवान पिता को,
क्यो छीन ले जाते हैं।

19. जिन्दगी..

जिन्दगी.. तु भी, अन्त को जिया कर!

समझदार वो है जो,
अनुभव से ज्ञान बड़ा करते है!
कार्यक्षेत्र के सब सीढ़ी को,
प्रारब्ध मान चढ़ा करते हैं!!
मौन और गंभीरता,
जिसका साहस निखार देते है!
निश्चित ही वह स्वयं की,
प्रतिमाएँ गढ़ा करते हैं!!

अपनी व्यथाओ को हसकर पिया कर!
तु खुद को कोई फकीर या संत किया कर
जिन्दगी.. तु भी, अन्त को जिया कर!!

मौत कायर है,
दबे पाँव आता है!
कभी भोग....,
तो कभी रोग बताता है!
मारकर खुद को,
एहसान जताता है!
सुनो., जीवन क्या सन्देश सुनाता है!

नन्हा सा.. शिशु जब
अनजान बनकर बताता है!!
कभी रोता है
तो कभी मुस्कुराता है।

आशा की हर किरण को, सिया राम कर!
आत्मा के चिंतन से खुद को भगवंत किया कर,
जिन्दगी.., तु भी, अन्त को जिया कर!!
तुम सब......,
तलाश रहे हो की,
तुम्हे कुछ पहचान मिल जाए
खुद को समझा रहे हो,
ढांढस बंधा रहे हो
की आज डूबता सूरज
ठहर जाए..,
भले कठिन है,
पर खुद को ना हार कर!

दृढसंकल्पता से प्रहार कर!
तु कार्य कर और खुद को निश्चिंत किया कर,
जिन्दगी.. तु भी, अन्त को जिया कर।

20. जीवन पथ

जीवन के राह पर कई मोड़ आते हैं
किसी मे मुढ़ जाते हैं तो कुछ छोड़ जाते हैं
कुछ मोड़ पर मुड़ना हमारी नियति
तो कुछ मोड़ पर मुड़ना हमारा सौभाग्य
जीवन पथ में मोड़ ना हो वहां समझो है दुर्भाग्य
साथी पग पग की बात समझना तुम
भले ही चलना धीरे, लेकिन हरदम चलना तुम।

कुछ बने हुए हैं साथ अभी
कुछ खुद मे अहम रचाते है
कुछ दिल मे महल बनाते हैं
कुछ श्मशान की खबर बताते हैं
शायद वो सब ले जाने की तैयारी मे
कफन मे जेब बनवाते ळे

मन मे चाहे लाख व्यथा हो
नयन नही भिंगोना तुम
भले ही चलना धीरे लेकिन हरदम चलना तुम।

आज मौन ओढ़े है सभी तो क्या हुआ
हम अपने मन से बात करेंगे
मन के सपनो से दो . दो हाथ करेंगे

मानव है हम सब सह लेंगे
जब साथ न हो कोई
तब मेरे संग चलना तुम
भले ही चलना धीरे लेकिन हरदम चलना तुम।

21. सुनो भाई

सुनो भाई ,,तुम व्यर्थ ना रोना
भाग्य तो एक झरोखा है,
कार्य लग्न से सब कुछ पाना
कर्म हाथ की रेखा है ,

सूरज ने धरती से जाने
कितने जल को सोखा है
वसु कभी ना व्यथित हुई
ना प्रलय ने आकर रोका है,

परिवर्तन है सब हो जाएगा
समय ने सब को देखा है
जलती चिताए देखा मैंने
अस्थि विसर्जन देखा है,

मौन देखा, मुस्कान देखा
वेदनाओं को देखा है
कभी धर्म ना धैर्य को खोना
सभी पूर्वजों से सीखा है ,

जब जब विपदा जन्म लिया
हर युग मे नारायण देखा है

वीर कुमार

सिंधु के बाहों में
सरिता का समर्पण देखा है

दर्पण बन कर मैंने तुमको
अपने अंदर देखा है,
सुनो भाई तुम व्यर्थ ना रोना
भाग्य तो एक झरोखा है।

22. मुस्कुराता हूं!

पीड़ा की हर बात,
रिश्तो की सौगात..
दिन हो या फिर रात
आंधी हो या बरसात
स्वप्न में खुद को
एहसास दिलाता हूं
मुस्कुराता हूं......,
मैं,, मुस्कुराता हूं ।

चाहता हूं कुछ तुमसे,
तुम सब मुझसे मुख मोड़
जितना ज्यादा हो सकता हो
उतना इस दिल को तोड़ो ,
तभी तो मैं तन्हाई की...,
यह बात बताऊंगा ..,
कलम उठाकर नयी
अल्फाज सजाऊंगा ,
और कहूंगा इन चीजों को
मैं अक्सर गाता रहता हूं,
पीड़ाओ को पी करके
मुस्कुराता हूं .....,
मैं मुस्कुराता हूं।

23. तुम भूल रहे

तुम भूल रहे अनजान पथिक,
इस घर से उस घर को जाना ।

अंधी है आंखें अंधा है मन
अंधा युग का हो जाना ,
सब जान रहे हो तुम
फिर दर्पण को दोषी क्यों ठहराना

हे सज्जन घबराना मत,
आरोप लगेंगे निशदिन तुम पर
चंदन वन के जीवन में
सांपों का होता आना जाना ,

तुम भूल रहे अनजान पथिक,
इस घर से उस घर को जाना।
अखिल विश्व के हर चराचर का
जो मर्म पिता हो,
चांद सूरज की तरह जो
निशा को नर्म करता हो

कोख की प्रज्वलित ज्योति में
भी जिसका नाम हो

वीर कुमार

कोई क्या बिगाड़ लेगा भला
जो राष्ट्रधर्म जीता हो,

मुश्किल होगा इन सब का
मोल चुकाना,
तुम भूल रहे अनजान पथिक
इस घर से उस घर को जाना ।

बांट ली हमने
जहां की हर चीजों को
बांट कर खुद को
एक नया सा पुष्प खिलता है,

लोग बांटने लगे
जब भगवान को
किसी को अल्लाह मिलता है
तो किसी को राम मिलता है,

तन के सहारे को भी बांटा
तब किसी को जमी के अंदर
और किसी को
गंगा घाट मिलता है,

काश हम यूं ही
अनजान ना हुए होते
ना हिंदू
ना मुसलमान हुए होते,

होगा खुद में सब को पछताना,
तुम भूल रहे अनजान पथिक
इस घर से उस घर को जाना।

24. हताश हो रहा है

जिंदगी के हर सितम का एहसास हो रहा है
खुद के कर्मों से इंसान हताश हो रहा है

जीत के प्रहार का
संकल्प हो रहा है
हर भाग में तड़प का
विकल्प हो रहा है
अब मौन की ओढ़नी
ना ओढ़ो कन्हैया
करुणा को प्रतीक्षा है
और प्रेम रो रहा है

देह में विवशता
अनायास हो रहा है....

जिंदगी के हर सितम का एहसास हो रहा है
खुद के कर्मों से इंसान हताश हो रहा है ।

पीड़ा के सारे पाठ में
वह याद तुम्हें करते हैं
कब आंधियों में पंछियों
खुद ही सम्हलते है

तुम्हारे कहने से चांद तारे निकलते हैं

धैर्य खो करके इंसान
निराश हो रहा है

जिंदगी के हर सितम का एहसास हो रहा है
खुद के कर्मों से इंसान हताश हो रहा है।

शोधकर्ताओं को यह
आभास हो गया है
सूक्ष्म से विशालता पर
विश्वास हो गया है
जो धर्म के थे उपहासी
वह उपासक हो गए हैं

जिसके ऊपर तुम्हारी कृपा है
वह अधर्म के विनाशक हो गए हैं

सब यातनाओ का
प्रवास हो रहा

जिंदगी के हर सितम का एहसास हो रहा है
खुद के कर्मों से इंसान हताश हो रहा है।

वीर कुमार

25. हे मानव..

हे मानव.. तुम धन्य हो

एक रूप में अनन्य हो
तुम न्याय हो तुम धर्म हो
सर्वरोग सामान्य हो
तुम जीवन मरण शरीर हो
तुम अजर अमर आत्मा हो
तुम सुक्ष्म बिंदु से
अनंत शिखर तक परमात्मा हो

तुम पृथ्वी हो, आकाश हो
तुम ही नीर और सांस हो
तुम पंचतत्व परमेश्वर हो
तुम ही विराम विकास हो
तुम शस्त्र, शास्त्र ,त्रिशूल हो
मानवता में फूल हो

तुम सुख हो, तुम दुख हो
परिस्थितियों के अनुकूल हो
तुम सक्ती हो बलवान हो

तुम ही कवच या यंत्र हो

तुम भक्ति हो,त्याग हो
तुम पूर्ण फलित एक मंत्र हो
तुम पुण्य हो तुम पाप हो
तुम सब में विशिष्ट हो
तुम सभी युगों में श्रेष्ठ हो
चौरासी में जेष्ठ हो

तुम धैर्य हो संकल्प हो
एक अखंड प्रतिज्ञा हो
तुम नियति का निर्णय हो
तुम सब की आज्ञा हो
तुम कर्म हो तुम लक्ष्य हो
प्रारंभ प्रलय की आसा हो
तुम भूत हो ,भविष्य हो
वर्तमान की परिभाषा हो

तुम राम हो! तुम कृष्ण हो!
तुम शांत होकर बुद्ध हो !
तुम ही हार तुम ही जीत हो
तुम ही लड़े हर युद्ध हो

तुम गीत हो तुम राग हो
तुम मोह त्याग वैराग्य हो
तुम आहूतियों को समेटने वाले
स्वयं बने कई यज्ञ हो!

तुम शत्रुता में शत्रु हो

तुम मित्रता में मित्र हो
परहितों में सर्वत्र हो
तुम पवित्रता में पवित्र हो
तुम बालक हो वृद्ध हो
कर्मवीर जवान हो !
तुम ईश्वर की रचना ज्ञान हो!
स्वयं रचित विज्ञान हो

तुम खुद में संकट और
समस्त समाधान हो

हे मानव.... तुम महान हो...
तुम महान हो ..!!

26. कब समझोगे मुझको तुम

कब समझोगे मुझको तुम!
समझाना मुझे नहीं आता
मासूमियत हर बार समझ कर
दिल तस्वीर सा हो जाता,
उम्मीदों ने प्रश्न किया है
बस जबाब हो जाते तुम
इतना सहज उपन्यास हूं मैं
शब्दों में बह जाते तुम ,

सब कहते हैं अच्छे मुखड़े हो
जरूर किसी के दो टुकड़े हो
सरल नहीं सबको बतलाना
सबका हिस्सा है हो जाता
इतिहास मुझे भी ढूंढ सके
एक सच्चा किस्सा हो जाता,
संबंधों की डोरी में
सब राधिके की कृष्णा हो
केवल प्यार भरा हो मन में
और नहीं कोई तृष्णा हो ,

मन की पलकें खोले अपने
और भावो का विस्तार करो
तुम से जुड़कर
हम कुछ लिख पाए
खुद को ऐसा अखबार करो,
नई पीढ़ी को कौन सिखाएं
जो जिस्म का सौदा करते हैं
प्यार भला वह प्यार ही कैसे
जो आंसू बनकर बहते है

सब में इक अच्छा मानव है
शुभ मुहूर्त के लिए मत घबराना
जब जीवन किसी का इंतजार करें
तो खुद में लग्न पत्रिका हो जाना।

27. जाग रहा हूं

उसके दिल में मैं अभी तक जाग रहा हूं

यह प्रीत की बगिया कैसी है
यहां अभी तक बाग रहा हूं
कहीं दूर निकल चुकी होगी वह सपनों में
मैं उसके पीछे अभी तक भाग रहा हूं
उसके दिल में मैं अभी तक जाग रहा हूं ।

किसी का भविष्य उजाड़ दे,
यह हमारी औकात नहीं
प्रेम एक उम्र है नियति है
अश्कों का बरसात नहीं

जिससे पूजा अपने जीवन को
उसका प्रसाद अभी तक पाग रहा हूं

उसके दिल में मैं अभी तक जाग रहा हूं ।

वह कहती हैं तुम सो जाओगे
तो सोने वालों को कौन उठाएंगा
तुम खुद रो पड़ोगे तब
रोने वालों को कौन चुपाएगा

वह इतना ख्याल करती है
और उसके सपनों को मैं दाग रहा हूं

उसके दिल में मैं अभी तक जाग रहा हूं ।

सब कुछ कह कर रहती है मौन
मां हिंदी की बेटी कविता
मत पूछना है कौन
इसकी यादों में मैं खुद को
ताग रहा हूं

उसके दिल में मैं अभी तक जाग रहा हूं।

28. मेरे अंदर का सूरज

आपकी कमी जाने क्यों खल गई
चांदनी आसमा से क्यों ढल गई
आंख दाबे तुम्हें याद करते गए
दर्द का हर उपन्यास पढ़ते गए
साजिशों का समा जैसे जलता गया
मेरे अंदर का सूरज निकलता गया।

एक लिफाफे के अंदर करा आगमन
इक तुम्हारा था मन इक हमारा था मन
प्रेम के पथ पर जो निकल कर चले
हाथ में हाथ रख तन सबल कर चले
दिन बीतता गया उम्र ढलता गया
मेरे अंदर का सूरज निकलता गया।

स्वास का निकलना जैसे घटता गया
समझने की देरी है यह पनघट नया
सब मन का है भ्रम क्या खुशी का गिला
भाव का समर्थन किसे है मिला
वेदना मन में पिघलता गया
मेरे अंदर का सूरज निकलता गया।

प्रेम के हैं जो सच्चे हकदार वो

सारी दुनिया के हैं जमींदार वो
हाथ की रेख में कहां दम रहा
भाग्य की कल्पनाएं
सफल कब रहा
सब समय का है फेर सब बदलता गया
मेरे अंदर का सूरज निकलता गया।

29. मैं पूछ लूं

इश्क मासूम है या दर्द की दास्तां
कोई बताने वाला मिले तो मैं पूछ लूं ।

रोज बढ़ती अराइशो को देखकर
घर के एक कोने में आकर बैठ जाता हूं
माथे पर बनी सिकन को कोई देख ना ले
छुप छुप कर इसको छुपाता हूं,

सबब देख कर अब रुकना नहीं चाहता
जी करता है थोड़ा और सोच लू ,

इश्क मासूम है या दर्द की दास्तां
कोई बताने वाला मिले तो मैं पूछ लूं ।

कोई किस्मत को मोहब्बत मानता है
कोई किस्मत से मिली मोहब्बत मानता है
मोहब्बत तो मोहब्बत ही होता है
इसे सिर्फ चाहने वाला जानता है,

रात होते ही सीने में जब जलन होती है
मन करता है तस्वीर ही देख लूं,

इश्क मासूम है यह दर्द की दास्तां
कोई बताने वाला मिले तो मैं पूछ लूं ।

पागलपन लिए खामोशी
कभी कभी आंखों से उतर आती है
दूर बैठे आशियाने की याद में
अश्क नदियों से ज्यादा बह जाती है,

कोई मोहब्बत जताए तो मुझसे
उसकी यादों में मैं भी डूब लूं,

इश्क मासूम है यह दर्द की दास्तां
कोई बताने वाला मिले तो मैं पूछ लूं।

30. एक बेटी छली गई

वायु देव तुम चुप थे शायद वायु नहीं था तुम मे भी
वरुण देव भी थे पर जल नही नैनों में भी
सब कुछ मनन था अग्निदेव को
पर सीता फिर से छली गई
हे राम कहां हो तुम एक बेटी फिर से चली गई
नारी रक्षा के हित मे संग्राम कौन कर जाएगा
नई चेतना में कौन प्रकाश लेकर आएगा
भारत माता रो मत कोई विश्वास लेकर आएगा ।

लोकतंत्र में लोग जुड़े हैं और धर्मों को जोड़े हैं
न्याय तंत्र से न्याय जुड़ा है वह भी आंख को फोड़े हैं
कहां की चिंता लड़ेगा कौन यह खाते.पीते घोड़े हैं
सब चुप बैठे पर दर्द बहुत यह अपने हाथ के फोड़े
संविधान हो या प्रधान हो कौन इन्हें बताएगा
राजनीति के सुस्ती मे कौई प्रयास लेकर आएगा
भारत माता रो मत कोई विश्वास लेकर आएगा ।

युवाओ जागो तुम बीयर बार
का त्याग करो
जैसे अपने घर की बहना
वैसे सबसे व्यवहार करो
जब जब नारी को हानि पहुंचे

ना खुद का धर्म स्वीकार करो
व्यायामशाला से निकलकर के
रणचंडी का अवतार करो
करूणा निहारती है राह पर कोई आस लेकर आएगा
भारत माता रो मत कोई विश्वास लेकर आएगा।

31. चाहत की महफिल

चाहत की महफिल कितनी अजीज है
यार सच है ना प्यार सबसे खूबसूरत चीज है ।

लहजो की शुरुआत आशिकी की एक पीर है
किसी में ज्यादा या किसी में कम आखिरी है तकदीर है
जिन्होंने पाया वह खुशनसीब
जिन्हें ना मिला वह निकलते तीर है
इश्क की अदालत में ना चलता किसी का नाजिर है
चाहत की महफिल कितनी अजीज है
यार सच है ना प्यार सबसे खूबसूरत चीज है।

मोहब्बत की हर दास्तां और तरीकों में तर्क है
एक बेटी की विदाई
एक शहीद की विदाई में क्या फर्क है
खुशियों में लिपटे आंसू
जो जा रही उम्मीदे सजाकर
एक को है प्यार जमीन से
जो आ रहा उम्मीदें निभाकर
प्यार की हर दास्तां
बदन से लिपटा एक कमीज है
चाहत की महफिल कितनी अजीज है
यार सच है ना प्यार सबसे खूबसूरत चीज है।

लाजमी वह पल जब मोहब्बत
का इम्तिहान दीया जाता है
एक तरफ मर मिटने की बात
और साथ रहने की बात किया जाता है
मिठास भरी जहर बार.बार पिया जाता है
दुश्मनी से बचने का मोहब्बत ही एक ताबीज है
चाहत की महफ़लि कितनी अजीज है
यार सच है ना प्यार सबसे खूबसूरत चीज है।

32. जायज है

यूं नजर लगाना जायज है !
यूं मन को बहकाना जायज है!
बस उम्मीद की एक किरण
तो जगाओ हमसे
अपने दिल की बात पहुंचाना
भी तो जायज है।

यूं शर्माना भी तो जायज है!
बात भूल कर
पछताना भी तो जायज है
भले ही कहते वक्त जुबान
लड़खड़ा जाए
पर कह कर के
जाना भी तो जायज है।

यह सावन का आ जाना
भी तो जायज है
उपवास सोमवार को
रखना भी तो जायज है
बस एक बार अपनी बात
महादेव के पास रखो तो सही
मनोकामना में

हमारा मिल जाना भी तो
जायज है।

33. रंग बिरंगी इस दुनिया में

रंग बिरंगी इस दुनिया में
कितने हम अनजान बने ।

नए जीवन के नए घड़ी में,
कितने अपवाद बने ..
दो प्रेमी डूब रहे थे,
कितने सारे संवाद बने..
एक गगन में एक सूर्य था
जो उन पर एहसान बने।
इंसानों में अब शक्ति कहां..
जो नए जोड़ों का भगवान बने
रंग बिरंगी इस दुनिया में
कितने हम अनजान बने ।

ढूंढ रहे थे एक किनारा
कुछ पल के लिए जहां
ठहरा जाए..,
जहां मंद पवन
अपनापनं दिखला कर..
धीरे से शरमा जाए ,

कई दीप हो न्योछावर
और प्रीत को ...
मकान मिले ,
रंग बिरंगी इस दुनिया में
कितने हम अनजान बने ।

कितने सितारे टूटा करते
ना सारे ही आसमान बने
जिन लहजो पर हक है जताया
उनसे कई अरमान बने
ना रोको..,मिलने दो,
दो मन की बातों को
सबका सब कुछ मिलकर
एक निश्चित परिणाम बने
रंग बिरंगी इस दुनिया में
कितने हम अनजान बने।

34. इस पार प्रिये उस पार प्रिये!

इस पार प्रिये उस पार प्रिये!
जानोगे कब तुम प्यार प्रिये!!

जब कड़ी धूप के ढल जाने से
शाम स्वयं आ जाता है
जाने क्या होता है अंदर
यह दिल भी घबराता है
जल जाते चंदा तारे भी
साथ जले हैं कई दिए
इस पार प्रिये उस पार प्रिये!
जानोगे कब तुम प्यार प्रिये!!

एक एक आहो के संग
जब याद तुम्हारी आती है
जाने क्या होता है ऐसा
तस्वीर उतर जाती है
तुम दूरी को बतला कर
दिल के इतने पास जियें
इस पार प्रिये उस पार प्रिये!
जानोगे कब तुम प्यार प्रिये!!

होती है क्या प्रेम सिकन
तुम कालिदास से जाकर पूछो
क्यों अंधकार है इस मन में
जलती ज्योति से जाकर पूछो
जो बने हुए हैं इस धरती में
जाने क्या.क्या वह हाल किए
इस पार प्रिए उस पार प्रिये!
जानोगे कब तुम प्यार प्रिये!!

35. हम जीतेंगे

हम हारे नहीं ...जीतेंगे,
हम हारे नहीं ...हम जीतेंगे ।

सब की हिफाजत है सब की जमी
सबको है रहना यहां....
सब साथ देंगे घर में रहेंगे
घूमेंगे सारा जहां...,
कितना कठिन हो कितने भी दिन हो
राष्ट्र का गाना गाएंगे...,
हम हारे नहीं... हम जीतेंगे ,
हम हारे नहीं हम जीतेंगे

उनको नमन है जिनका चमन है
जिनसे है सब कुछ यहां...,

उनको नमन है जिनका वतन है
वतन का यतन है यहां..,
कांटो के पथ में चले साथ सब
सभी साथ चलते ही जाएंगे
हम हारे नहीं..हम जीतेंगे,
हम हारे नहीं हम जीतेंगे।

छोड़े हैं जो अपना घर द्वार वो
उनसे भला कोई दूजा कहां..,
सब की सुरक्षा का परिवार वो
सबके लिए सब कुछ सहा..,
साक्षी है सूरज चंदा गगन में
सबको सफलता दिखाएंगे
हम हारे नहीं ...जीतेंगे,
हम हारे नहीं हम जीतेंगे ।

इच्छाएं सब की सब होगी पूरी
मेहंदी के रंग हो यह मांगे अधूरी
फैला है तम,है उजाला जरूरी
सबकी है दूरी बनी मजबूरी
कल किसी को किसी से मिलाएंगे...,
हम हारे नही ..जीतेंगे,
हम हारे नहीं हम जीतेंगे।

36. प्यारा सा मन

तुम दे दो मुझे अपना प्यारा सा मन ,
जहां अंधेरी रात में दीपक स्वयं जल जाए।

होठों में मुस्कुराहट रूप श्रृंगार में बदल जाए
खुशी मन में इतना कि त्यौहार हो जाए
निकले जो यादों में आंखों से आंसू
वह पवित्र किसी सरिता की जल बन जाए
तुम दे दो मुझे अपना प्यारा सा मन
जंहा अंधेरी रात में दीपक स्वयं जल जाए।

मिले हर सफर में वहां हमसफर बन जाए
जब हो गर्दिशों का असर
वह खबर बन जाए
चाहत का रूप एक सब्र बन जाए

इंसान ,इंसान से मिले ,
और मित्र बन जाए
कठिन है आज की दुनिया,
कल सरल बन जाए
तुम दे दो मुझे अपना मन
जहां अंधेरी रात में दीपक स्वयं जल जाए।

बहाने मुस्कुराकर हकीकत हो जाए
गलतियां बदलकर कयामत हो जाए
दुपट्टे का सम्मान तिरंगा हो जाए
बदलकर हर पाप माँ गंगा हो जाए
सवाल जैसे हो जीवन का
सब हल हो जाए ।

तुम दे दो मुझे अपना....मन
जहां अंधेरी रात में दीपक स्वयं जल जाए।

37. मन की चंचलता

मन की चंचलता को बांधना जरूरी है।

कभी नहीं कहेगा यह अपने से
लेकिन हम सब को करना जरूरी है
कर्म करके जिएंगे इस दुनिया में
कर्म करके मरना जरूरी है
हो जाना अडिग है कुछ करना जरूरी है
मन की चंचलता को बांधना जरूरी है।

मन कहेगा यह कर ले तु
मन कहेगा यह खा ले तु
मन कहेगा पहले सो जा
उठकर पढ़ लेना तु
कुछ करना है अगर

मन से लड़ना जरूरी है
मन की चंचलता को बांधना जरूरी है।

जब खड़े हो बीच समर में
युद्ध लड़ना जरूरी है
अगर हार गए अपने मन से
फिर जीत बहुत ही दूरी है

यह समझना जरूरी है
जीना है जिंदगी को खुलकर अगर
मन की चंचलता को बांधना जरूरी है।

38. मेरी मां

धारा यह शुन्य होती तब ना जलती दीप में ज्योति!
क्षितिज ना चंद्रमा होते ना होती तुमसे कोई प्रीति !
प्रभु जी ध्यान अपना जो अगर इस ओर ना लाते !
अगर मइया नहीं होती तो यह दुनिया नहीं होती!

खुदा से मांग लो जो भी वही अजीज होता है !
मोहब्बत और कयामत भी भला क्या चीज होता है!
मैं जब भी मांगता हूं कुछ भी अपने मां के आंचल से,
मेरी मां जो भी देती है वही ताबीज होता है!

कभी ना रूठना उनसे जिनकी माता नहीं होती
बिछड़ जाते हैं वह बच्चे जिनको ममता नहीं मिलती
सभी को दो मोहब्बत इस जमी में मां बन करके
मां के चरणों में जन्नत है इजाजत सबको ना मिलती

पोछीए उनके भी आंसू जिनमें केवल निराशा है
जैसे पानी समंदर में समंदर खुद ही प्यासा है
कमाया तुमने जो सूरत मां से कुछ दूर रह कर के
पूछिए हाल माँ का भी मां को तुम से ही आशा है

मांग ली तुमने वह हिस्सा जिनको बांबा बनाए थे
बांटकर पेट को अपना तुम्हें वो ही पढ़ाए थे

क्या तुम भी बांट पाओगे मां के कलेजे को
जिसने बांटी हमें ममता वही अमृत पिलाए थे

मां की गोदी में खेले वह और कहलाए बनवारी
सती का हाथ शिव के साथ तभी कहलाए त्रिपुरारी
जहां जब बात होती है ज़रूरत की धारा में तब
ढालकर खुद को सांचे में वह कहलाती है तब नारी

39. बेटी

जो मर्यादा अभिमान को बेचे नहीं बने व्यापारी हैं
बेटी बचाना,बेटी पढ़ाना, हम सबकी जिम्मेदारी है
बेटी .बेटी है ,सब को समझाना बेटी ही अवतारी है
घर की आंगन की वह बुलबुल बेटी फुलवारी है !

बचपन की तस्वीर देखकर पिता जी जब रोते हैं
घर के मंदिर की वह देवी बिटिया ही होते हैं
कन्या पाल बड़ा कर पाना यह सबको अधिकार नहीं है
ममता दया करुणा की मूरत बेटी है व्यापार नहीं है

जीवन के प्रतिद्वंदो में कहां सभी हैं खड़े हुए
पूजा की थाल सजाकर क्यों कन्या भोज में अड़े हुए?
लाखो पुण्य मिलेंगे तुमको मन से उनका सम्मान करो
सीता ,राधा ,लक्ष्मी ,गार्गी कई उदाहरण पड़े हुए

कलयुग कि काल व्यथा है ऐसे कोई चुप है कोई रोता है
नियत सादगी नहीं है जिसकी, इंसान नहीं वह होता है
अपहरण कृत्य दुष्कर्म के पापी उन्हें जीने का अधिकार
नहीं
मृत्युदंड उन सब को दो जिनका अच्छा व्यवहार

नहीं व्यंग है सही है यह पिता की परियां होती हैं

देश की जिम्मेदारी उन पर वह वायुयान में उड़ती हैं
देश की रक्षा के लिए लड़ती और शहीद भी होती हैं
गर्व हमे अपने जहान पर बेटी बेटी होती है

40. आंगन में तब खेल पाएगी

हे ईश्वर को साथ तुम्हारा और रहे मां की आंचल
आंगन में तब खेल पाएगी देश की बेटी हर सोनल।

आसमान के तारों से
वह निशदिन बातें करती है
और चांद को संग देखकर
अपनी आहे भरती है
तभी अचानक मेंघो से
जब व्यथा सुनाई देता है
जाने क्यों दूर गगन से
एक कथा सुनाई देता है
जैसे अंबर छोड़ रहा हो
धरती के आंखों में जल
हे ईश्वर हो साथ तुम्हारा और रहे मां की आंचल
आंगन में तब खेल पाएगी देश की बेटी हर सोनल!

वह अपने घर की चौखट पर
जब दीप जलाया करती है
मांनो लक्ष्मी कों अपना
अनुभव बतलाया करती है

कन्या पूजन की विधियों में
उलझा है संसार यहां
न्याय दंड सब झूठे हो गए
होता अत्याचार यहां
मैंने तुम पर मन मंदिर से
है भेट चढ़ाया तुलसीदल
हे ईश्वर हो साथ तुम्हारा और रहे मां की आंचल
आंगन में तब खेल पाएगी देश की बेटी हर सोनल!

सुनो भाई तुम साथ निभाना
जब किसी पिता की बेटी से
तब मन का रिश्ता मन से करना
ना धन दौलत की पेटी से
यार हमें है मान बचाना
ना रहे किसी का नयन सजल
गंगा गाय और नारी से
कभी ना होने पाए छल
हे ईश्वर हो साथ तुम्हारा और रहे मां की आंचल
आंगन में तब खेल पाएगी देश की बेटी हर सोनल।